skola - yachay wasi	2
ceļojums - ch'usay	5
transports - astana	8
pilsēta - llaqta	10
ainava - wanlla	14
restorāns - mikhuna wasi	17
lielveikals - jatun qhatu	20
dzērieni - upyanakuna	22
ēdiens - mikhuna	23
zemnieku saimniecība - chakra wasi	27
māja - wasi	31
viesistaba - k'illi wanlla	33
virtuve - wayk'una wasi	35
vannas istaba - akana wasi	38
bērnu istaba - wawa k'uchu	42
apģērbs - p'acha	44
birojs - ujisina	49
ekonomika - qullqikamay	51
profesijas - llamk'aykuna	53
instrumenti - ruk'awi	56
mūzikas instrumenti - takichiy nakuna	57
zooloģiskais dārzs - jatun uywa kancha	59
sports - atipanaku pukllay	62
darbības - ruwakuna	63
ģimene - yawar masikuna	67
ķermenis - uqhu	68
slimnīca - Jampina wasi	72
ārkārtas gadījums - urjinsia	76
zeme - Pacha	77
pulkstenis - phani (kuna)	79
nedēļa - qanchischaw	80
gads - wata	81
formas - pacha tupusqa rikch'ay	83
krāsas - llimp'ikuna	84
pretstati - wakjinakuna	85
skaitļi - yupaykuna	88
Valodas - simikuna	90
kas / ko / kā - pi / ima / imayna	91
kur - maypi	92

Impressum
Verlag: BABADADA GmbH, Nedderfeld 112 , 22529 Hamburg
Geschäftsführer / Verlagsleitung: Harald Hof
Druck: Books on Demand GmbH, In de Tarpen 42, 22848 Norderstedt

Imprint
Publisher: BABADADA GmbH, Nedderfeld 112 , 22529 Hamburg, Germany
Managing Director / Publishing direction: Harald Hof
Print: Books on Demand GmbH, In de Tarpen 42, 22848 Norderstedt

skola
yachay wasi

- dalīt / rak'iy
- 186/2
- tāfele / pirqa qillqana
- klases telpa / yachaqaywasi
- skolas pagalms / kancha
- skolotājs / yachachiq
- papīrs / raphi
- rakstīt / qillqay
- pildspalva / qillqana
- rakstāmgalds / llamk'a jamp'ara
- lineāls / chiqanchana
- grāmata / p'anqa
- skolēns / yachaqaq

skolas soma
wayaqa

penālis
p'uktaki llimp'i qillqana

zīmulis
yana qillqana

zīmuļu asināmais
ñawch'ina

dzēšgumija
qillqakhituna

zīmēšanas bloks
qillqana p'anqa siq'inapaq

skola - yachay wasi

zīmējums
siq'i

ota
chukcha llimp'ina

krāsas
p'uktaki llimp'ikuna

šķēres
k'utuna

līme
k'akachana

darba burtnīca
qillqana p'anqa ruwanakuna

mājas darbs
kamachinakuna

skaitlis
yupay

saskaitīt
yapay

atņemt
qhichuqay

reizināt
mirachay

rēķināt
yupanchay

burts
sanampa

alfabēts
sanampakuna

vārds
simi rimay

skola - yachay wasi

teksts
qillqa

lasīt
ñawiriy

krīts
iskuna

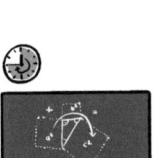
mācību stunda
yachachina

žurnāls
qillqana p'anqacha

eksāmens
chaninchana

liecība
certificaru

skolas forma
uniforme

izglītība
yachay

enciklopēdija
jatun simi pirwa

universitāte
Jatun yachaywasi

mikroskops
microscopio

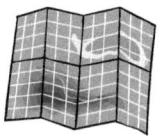
karte
saywa siq'i

papīrgrozs
raphi chuqana

skola - yachay wasi

ceļojums
ch'usay

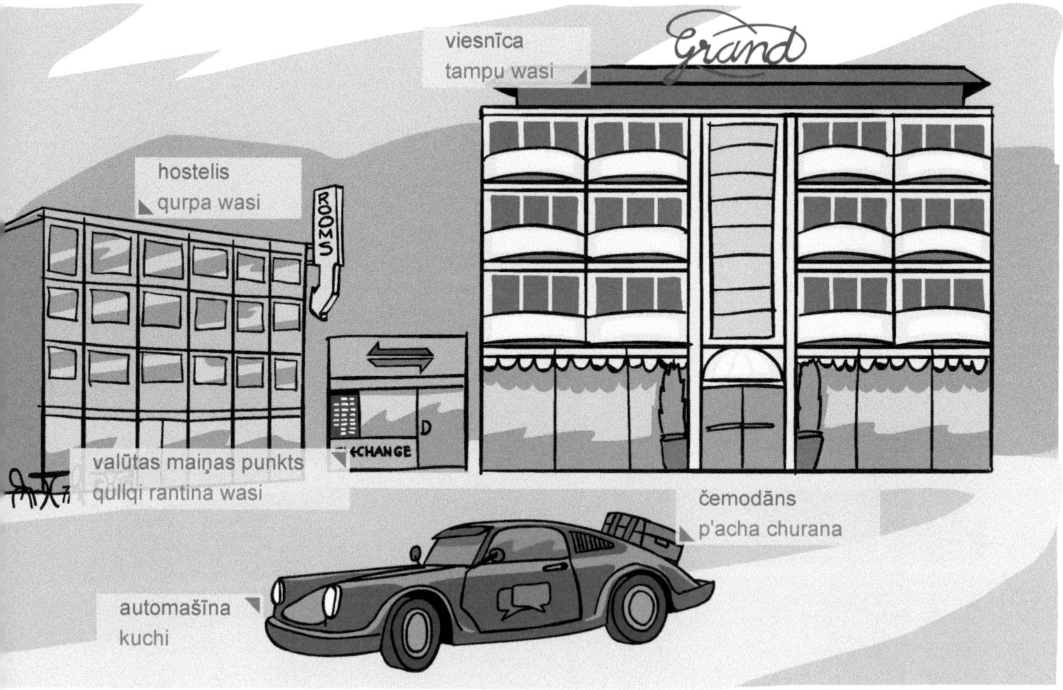

viesnīca
tampu wasi
Grand
hostelis
qurpa wasi
ROOMS
valūtas maiņas punkts
qullqi rantina wasi
čemodāns
p'acha churana
automašīna
kuchi

Valoda

simi

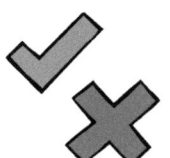

jā / nē

ari / mana

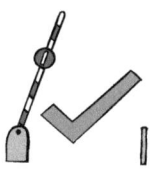

Okay

ari

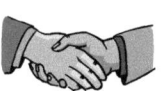

Sveiki!

Imaynalla

tulks

tikraq

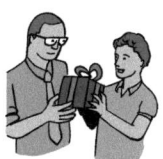

paldies

Pachi

Cik maksā...?
¡Machkhataq?

Es nesaprotu
Mana yachanichu

problēma
ch'ampay

Labvakar!
¡Allin tuta!

Labrīt!
¡Allin P'unchaw!

Ar labu nakti!
¡Allin tuta!

Uz redzēšanos
tinkunakama

virziens
pusachay wasi

bagāža
q'ipi

soma
wayaqa

mugursoma
wasa wayaqa

viesis
jamuynisqa

istaba
wasi

guļammaiss
puñunapaq wayaqa

telts
tienda

ceļojums - ch'usay

tūrisma informācija
turismu willakuy

pludmale
quchapata

kredītkarte
tarjita kriditumanta

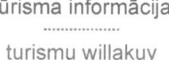
brokastis
paqarin mikhuy

pusdienas
chawpi p'unchaw mikhuy

vakariņas
tuta mikhuy

biļete
qullqi

lifts
makina wicharinapaq

pastmarka
unanchana

robeža
saywa

muita
adwana

vēstniecība
imwajada

vīza
visa

pase
pasapurti

ceļojums - ch'usay

transports
astana

lidmašīna
lata p'isqu

kuģis
wamp'u

ugunsdzēsēju mašīna
bumbiru kuchi

autobuss
awtuwus

kravas automašīna
kamiun

motorlaiva
mutur wamp'u

velosipēds
wisiklita

automašīna
kuchi

prāmis
quchacha

laiva
wamp'u

motocikls
mutu

policijas automašīna
pulisiyap autun

sacīkšu automobilis
usqay karru

nomas auto
kuchi manukuna

auto koplietošana

kuchi manu

evakuators

grua

atkritumu mašīna

q'upa kamiun

dzinējs

mutur

benzīns

gasulina

degvielas uzpildes stacija

gasulinamanta istasiun

ceļa zīme

chakatana sanampa

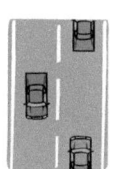

satiksme

trajiku

sastrēgums

chakatana

stāvvieta

istasiun

dzelzceļa stacija

trin estasiun

sliedes

ñankuna

vilciens

trin

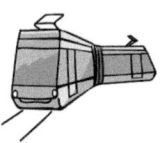

tramvajs

tranwia

vagons

wagun

transports - astana

helikopters
ilikuptiru

lidosta
lata p'isqu kiti

tornis
pukara

pasažieris
pasaqlla

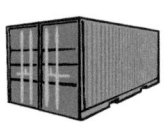
konteiners
jatun p'uktaki

kaste
karton p'uktaki

ratiņi
kapachu

grozs
isanka

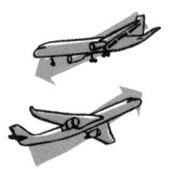
pacelties / nosēsties
phaway / uray

pilsēta
llaqta

ciems
llaqta

pilsētas centrs
chawpi jatun llaqta

māja
wasi

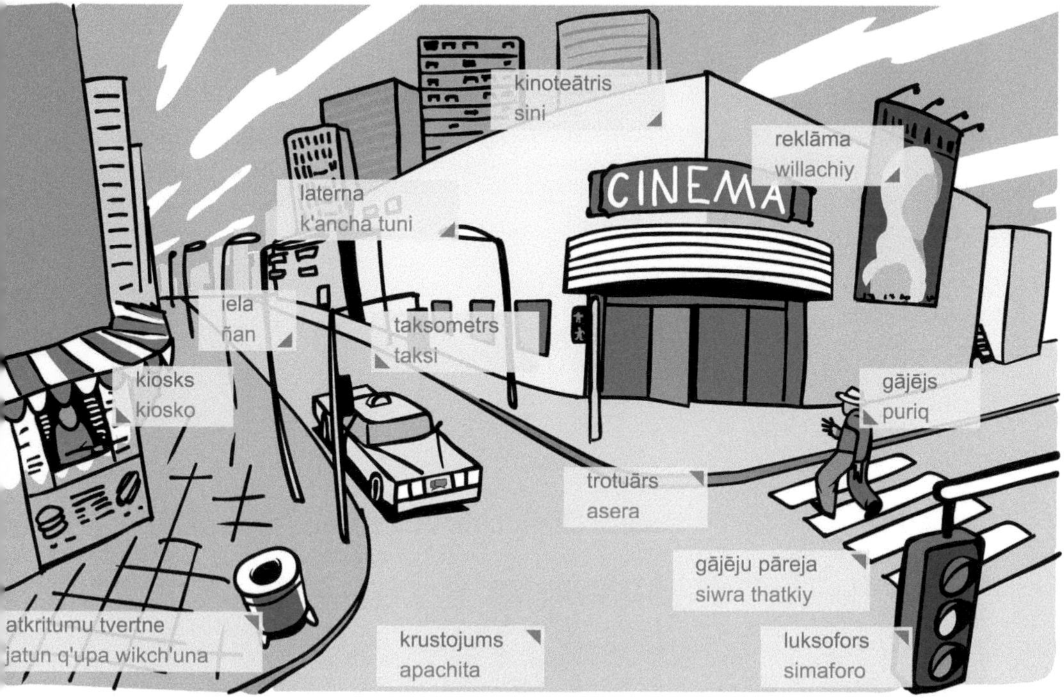

kinoteātris
sini

reklāma
willachiy

laterna
k'ancha tuni

iela
ñan

taksometrs
taksi

gājējs
puriq

kiosks
kiosko

trotuārs
asera

gājēju pāreja
siwra thatkiy

atkritumu tvertne
jatun q'upa wikch'una

krustojums
apachita

luksofors
simaforo

būda
ch'ullka

dzīvoklis
apartamento

dzelzceļa stacija
trin estasiun

rātsnams
tantanakuy wasi

muzejs
rikuchina wasi

skola
yachay wasi

pilsēta - llaqta

universitāte

Jatun yachaywasi

banka

qullqi pirwa

slimnīca

Jampina wasi

viesnīca

tampu wasi

aptieka

jampi ranqhana wasi

birojs

ujisina

grāmatnīca

p'anqa pirwa

veikals

tienda

ziedu veikals

t'ika wasi

lielveikals

jatun qhatu

tirgus

qhatu

tirdzniecības centrs

jatun pirwa

zivju tirgotājs

challwa wasi

tirdzniecības centrs

jatun rantina wasi

osta

wamp'u qhispinan

pilsēta - llaqta

parks jark'asqa chiqan	sols qullqi pirwa	tilts chaka

kāpnes wichana	metro metro	tunelis suqhu

autobusa pieturvieta autuwus sayana	bārs bar	restorāns mikhuna wasi

pastkastīte willa qillqa juch'uy wanqara	ielas nosaukuma plāksne t'uqsi tuni	stāvlaika skaitītājs parkimetro
	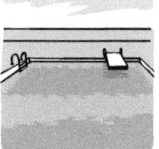	
zooloģiskais dārzs jatun uywa kancha	peldbaseins armakuna	mošeja meskita

pilsēta - llaqta

zemnieku saimniecība
chakra wasi

vides piesārņojums
pacha unquchiq

kapsēta
Aya pampa

baznīca
iñiy wasi

spēļu laukums
pukllana kancha

templis
Qhapana

ainava
wanlla

- lapa / raphi
- ceļrādis / sanampa
- ceļš / ñan
- pļava / waylla
- akmens / rumi
- koks / sach'a
- ceļotājs / puriq runa
- upe / mayu
- zāle / sach'a
- puķe / t'ika

ieleja
qhichwa

kalns
muqu

ezers
qucha

mežs
Sach'a sach'a

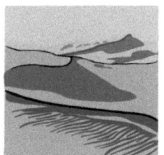

tuksnesis
purun

vulkāns
nina phuqchiq urqu

pils
kastilla wasi

varavīksne
k'uychi

sēne
champiñun

palma
chunta

moskīts
ch'uspi

muša
ch'uspi

skudra
sik'imira

bite
wara

zirneklis
kusi kusi

ainava - wanlla

vabole
ch'iqi

varde
k'ayra

vāvere
artilla

ezis
askanku

zaķis
liwre

pūce
ch'usiqa

putns
p'isqu

gulbis
yuku p'isqu

meža cūka
sintiru

briedis
sierwu

alnis
alsi

aizsprosts
waykhasqa

vēja ģenerators
wayrakallpa

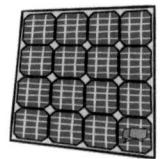

saules baterija
inti panil

klimats
pacha wayra

ainava - wanlla

restorāns
mikhuna wasi

- viesmīlis / wayna yanapaq
- ēdienkarte / menu
- krēsls / tiyana
- zupa / supa
- pica / pitsa
- galda piederumi / tumina
- galdauts / mast'a jamp'ara

uzkoda
ñawpaq mikhuna

pamatēdiens
yari mikhuna

deserts
mikhuy yapa

dzērieni
upyanakuna

ēdiens
mikhuna

pudele
wutilla

ātrās uzkodas
saqra ura

ielu uzkodas
kalli mikhuna

tējkanna
te churana

cukurtrauks
misk'i churana

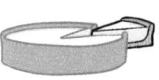

porcija
chhika

espresso kafijas automāts
cajitira iksprisu

bāra krēsls
jatun tiyana

rēķins
yupay

paplāte
bandija

nazis
tumi

dakša
tinidur

karote
wislla uña

tējkarote
juch'uy wislla uña

salvete
simi pichana

glāze
qhispi akilla

restorāns - mikhuna wasi

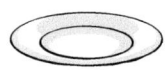  

šķīvis	zupas šķīvis	apakštase
chuwa	chuwa	chuwa

 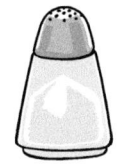 

mērce	sāls trauciņš	piparu dzirnaviņas
salsa	kachi churana	pimienta kutana

etiķis	eļļa	garšvielas
k'allkucha	llukllu	ch'aki q'mirkuna

kečups	sinepes	majonēze
ketchup	mostaza	mayonisa

restorāns - mikhuna wasi

lielveikals

jatun qhatu

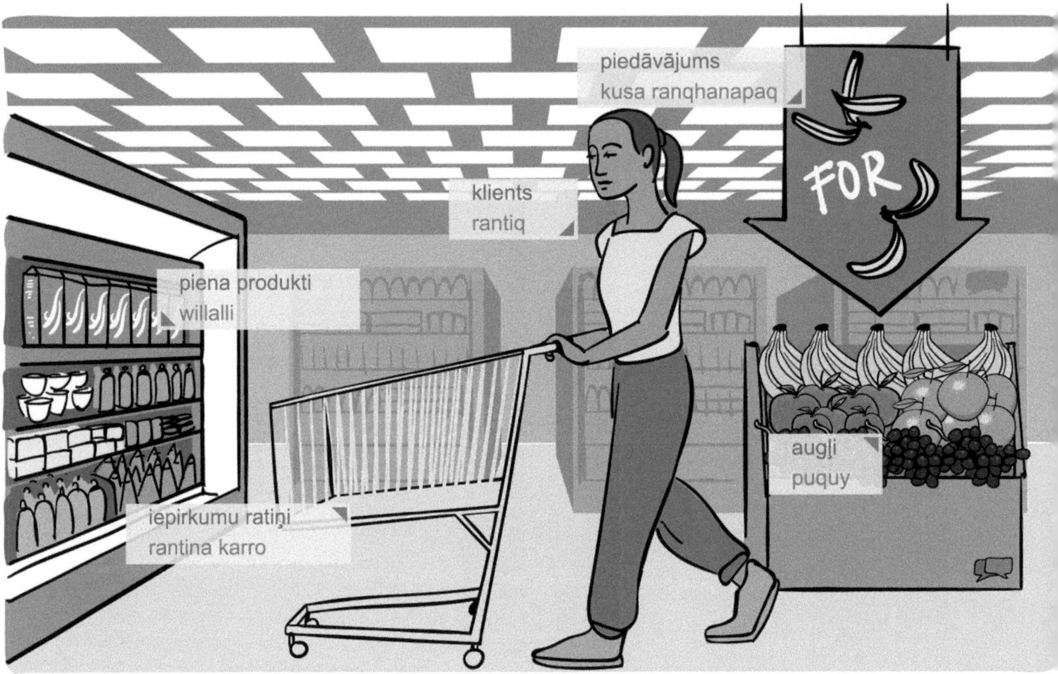

piedāvājums
kusa ranqhanapaq
FOR
klients
rantiq
piena produkti
willalli
augļi
puquy
iepirkumu ratiņi
rantina karro

BUTCHERS

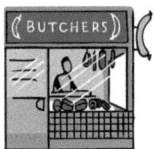

kautuve

aicha wasi

BAKERY

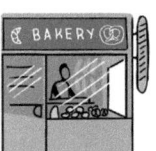

maizes veikals

t'anta wasi

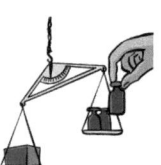

svērt

llasay

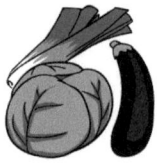

dārzeņi

q'umirkuna

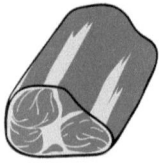

gaļa

aycha

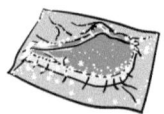

saldēti produkti

chhullunka mikhuna

aukstās gaļas uzkodas
quqawi

konservi
mikhuna unaychasqa

pulveris
ditirjinti

saldumi
misk'ikuna

mājsaimniecības preces
wasimanta pruduktu

tīrīšanas līdzeklis
maylla produkto

pārdevēja
ranqhaq

kase
kartun p'uktaki

kasieris
kajiru

iepirkumu saraksts
sinru qillqa rantina

darba laiks
sumaq runa uyarina phani

maks
qullqi wayaqa

kredītkarte
tarjita kriditumanta

soma
plastiko wayaqa

maisiņš
plastiku wayaqa

lielveikals - jatun qhatu

dzērieni
upyanakuna

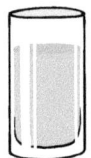
ūdens
yaku

sula
jilli

piens
ch'awa

kola
coca cola

vīns
vino

alus
sirwisa

alkohols
alkula

kakao
kakawu

tēja
te

kafija
caji

espresso
ieksprisu

kapučīno
capuchinu

ēdiens
mikhuna

banāns
platanu

ābols
mansana

apelsīns
laranja

melone
milun

citrons
limun

burkāns
sanawrya

ķiploks
aju

bambuss
wamwu

sīpols
siwulla

sēne
champiñun

rieksti
awillana

makaroni
jirius

spageti
ispawiti

rīsi
arrus

salāti
sarsa

frī kartupeļi
papa kanka

cepti kartupeļi
papa kanka

pica
pitsa

hamburgers
amwirkisa

sviestmaize
sanwich

šnicele
jiliti

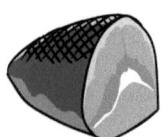

šķiņķis
jamun

salami
salami

desa
salchicha

vista
chichilu

cepetis
aycha kanka

zivs
challwa

ēdiens - mikhuna

auzu pārslas	muslis	brokastu pārslas
p'aqa awina	muesli	p'aqa sara

milti	radziņš	brokastu maizītes
jak'u	krwasan	k'awka

maize	tostermaize	cepumi
t'anta	t'anta jamk'a	khamuna

sviests	biezpiens	kūka
mantikilla	ñuqñu	pastil

ola	cepta ola	siers
runtu	runtu kanka	masara

ēdiens - mikhuna

saldējums	cukurs	medus
chullunka misk'i	misk'i	wayrunq'u misk'i

marmelāde	riekstu krēms	karijs
mirmilara	krima turrunmanta	kurri

ēdiens - mikhuna

zemnieku saimniecība
chakra wasi

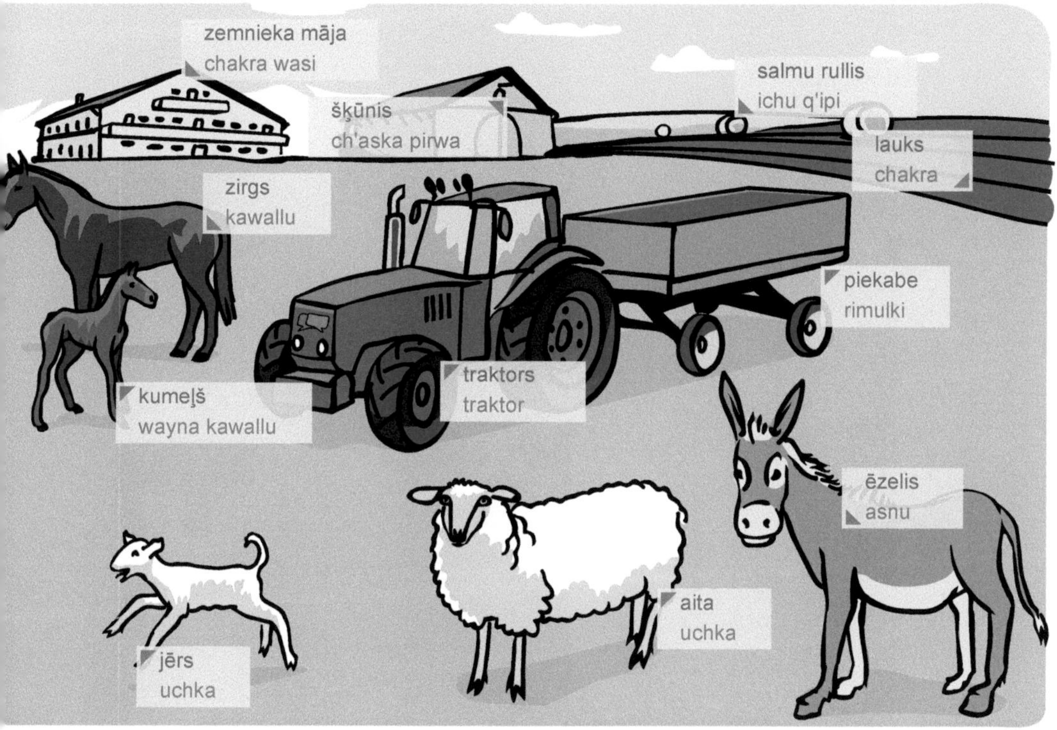

zemnieka māja — chakra wasi
šķūnis — ch'aska pirwa
salmu rullis — ichu q'ipi
lauks — chakra
zirgs — kawallu
piekabe — rimulki
traktors — traktor
kumeļš — wayna kawallu
ēzelis — asnu
aita — uchka
jērs — uchka

kaza
karwa

govs
waka

teļš
waka uña

cūka
khuchi

sivēns
khuchi uña

bullis
turu

zoss
wallata

pīle
pili

cālis
chchilu

vista
wallpa

gailis
k'anka

žurka
jatun juk'ucha

kaķis
misi/michi

pele
juk'ucha

vērsis
turu

suns
alqu

suņa būda
alquwasi

dārza šļūtene
mankira

lejkanna
qarpana jalp'a

izkapts
rutuna

arkls
taklla

zemnieku saimniecība - chakra wasi

sirpis
rutuna

kaplis
liwk'ana

mēslu dakša
sipina

cirvis
ayri

ķerra
kapachu

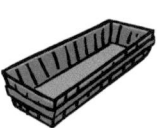

sile
yaku upyana

piena kanna
willalli purunku

maiss
jatun wayaqa

žogs
jark'aq ch'ipa

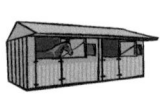

kūts
kancha wasi

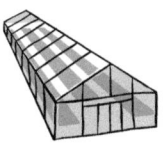

siltumnīca
inwirnadiru

augsne
pampa

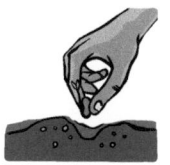

sēklas
muju

mēslojums
wanu

kombains
makina allana

zemnieku saimniecība - chakra wasi

novākt ražu
allay

raža
allay

jamss
ñame

kvieši
tiriwu

soja
soya

kartupelis
papa

kukurūza
sara

rapsis
kulsa luru

augļu koks
wayu sach'a

manioka
mandiuka

labība
ch'aki puquy

māja
wasi

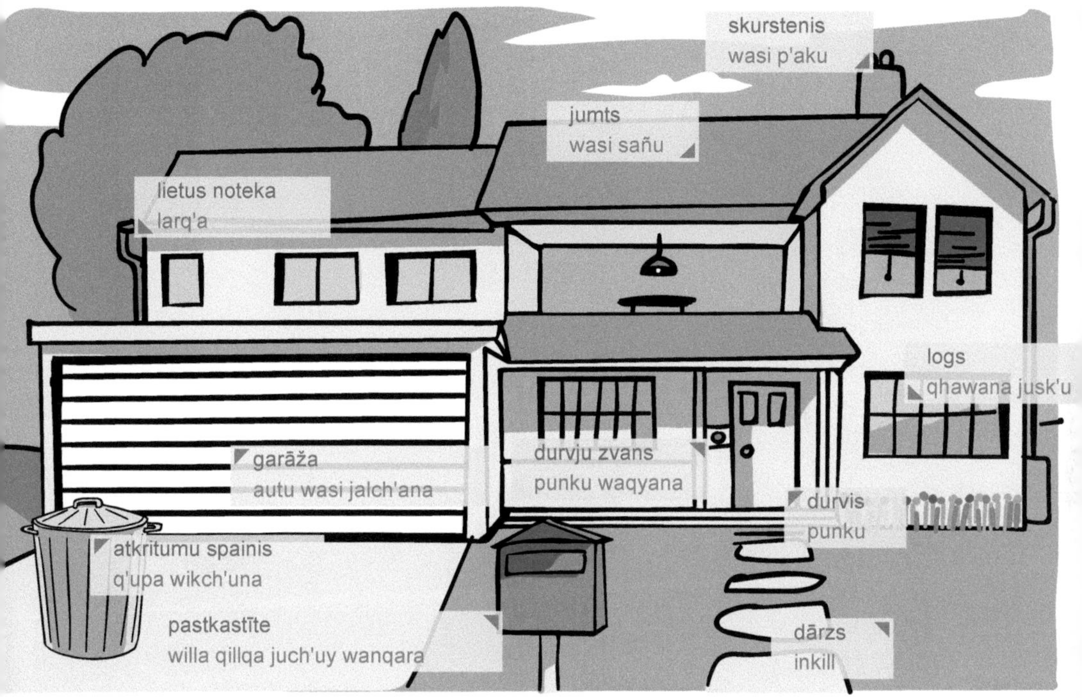

- skurstenis / wasi p'aku
- jumts / wasi sañu
- lietus noteka / larq'a
- logs / qhawana jusk'u
- garāža / autu wasi jalch'ana
- durvju zvans / punku waqyana
- durvis / punku
- atkritumu spainis / q'upa wikch'una
- pastkastīte / willa qillqa juch'uy wanqara
- dārzs / inkill

viesistaba
k'illi wanlla

vannas istaba
akana wasi

virtuve
wayk'una wasi

guļamistaba
puñuna wasi

bērnu istaba
wawa k'uchu

ēdamistaba
mikhuna k'uchu

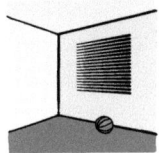

grīda
pampa

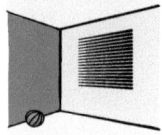

siena
pirqa

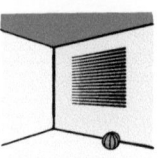

griesti
wasip khatan

pagrabs
wasi ukhun

sauna
sawna

balkons
walkun

terase
pirqa

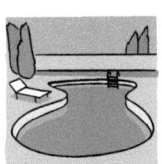

baseins
armakuna

zāles pļāvējs
k'achina

gultas veļa
iqana

sega
khatana

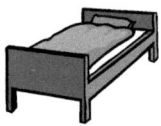

gulta
puñuna

slota
pichana

spainis
yaku aysana

slēdzis
k'ancha jap'ichiq

māja - wasi

viesistaba
k'illi wanlla

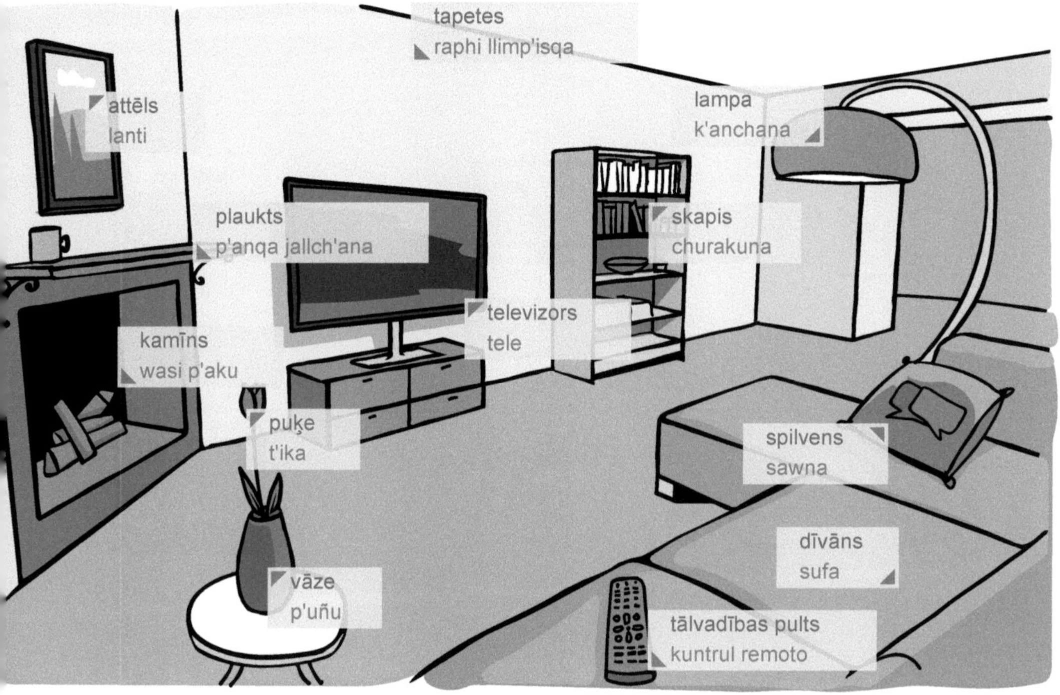

- tapetes / raphi llimp'isqa
- attēls / lanti
- lampa / k'anchana
- plaukts / p'anqa jallch'ana
- skapis / churakuna
- kamīns / wasi p'aku
- televizors / tele
- puķe / t'ika
- spilvens / sawna
- vāze / p'uñu
- dīvāns / sufa
- tālvadības pults / kuntrul remoto

paklājs
pampa mast'ana

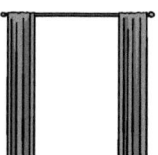

aizkars
arapa

galds
jamp'ara

krēsls
tiyana

šūpuļkrēsls
chhuku tiyana

atpūtas krēsls
kirana

grāmata
p'anqa

sega
mast'a

dekorācija
t'ikanchay

malka
llamt'a

filma
pelikula

mūzikas centrs
takina ekipu

atslēga
ch'atana

avīze
mit'awa

glezna
llimp'i

plakāts
poster

radio
wayra simi

pierakstu blociņš
qillqana p'anqa

putekļu sūcējs
aspiradora

kaktuss
pukru

svece
ispilma

viesistaba - k'illi wanlla

virtuve
wayk'una wasi

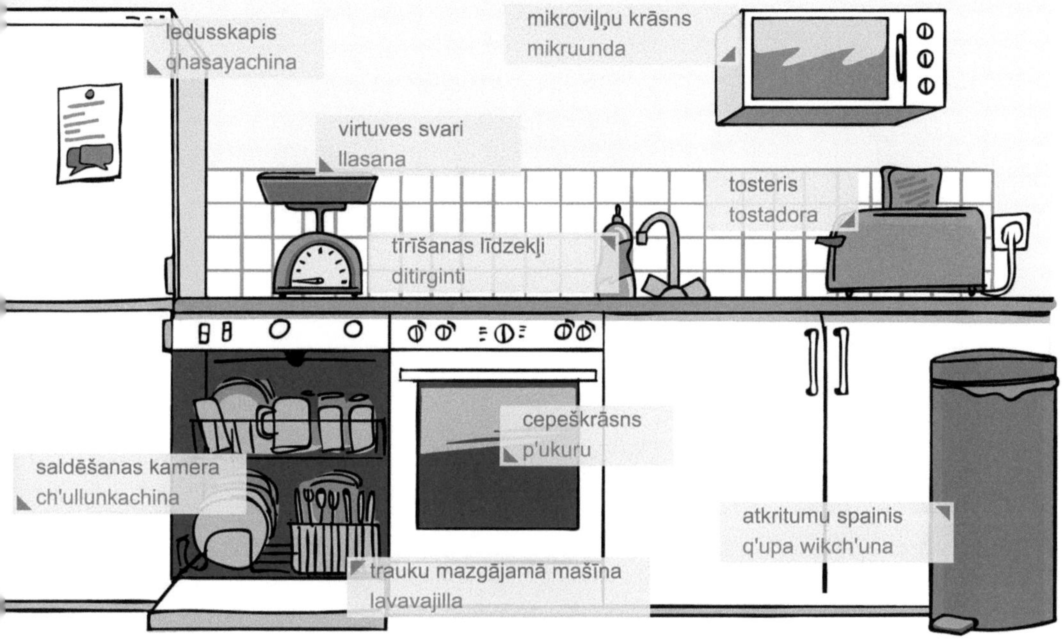

- ledusskapis / qhasayachina
- mikroviļņu krāsns / mikruunda
- virtuves svari / llasana
- tosteris / tostadora
- tīrīšanas līdzekļi / ditirginti
- cepeškrāsns / p'ukuru
- saldēšanas kamera / ch'ullunkachina
- atkritumu spainis / q'upa wikch'una
- trauku mazgājamā mašīna / lavavajilla

plīts
presiun manka

pods
manka

katls
q'illa manka

Wok panna
wok

panna
payla

elektriskā tējkanna
thimpuchina

tvaika katls
wapsina

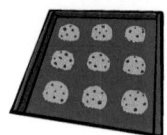

cepešpanna
p'ukuru punku

trauki
vajilla

krūze
tasa

bļoda
tason

irbulīši
palillo

kauss
wislla

lāpstiņa
phusuqa urquna

putošanas slotiņa
qaywina

sietiņš
isanka

siets
suysuna

rīve
thupana

piesta
kutana

grilēt
kawitu

atklāts pavards
nina jap'ichina

virtuve - wayk'una wasi

dēlis
k'ullu kuchunapaq

mīklas rullis
tuquru

korķu viļķis
sacacurchu

bundža
lata

konservu nazis
lata kichana

virtuves cimdi
jap'ina

izlietne
chuwa mayllana

birste
sipillu

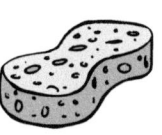

sūklis
ispunja

mikseris
watidora

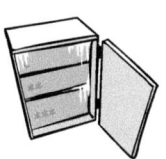

saldētava
ch'ullunkachina

bērna pudelīte
biberon

ūdenskrāns
grifo

virtuve - wayk'una wasi

vannas istaba
akana wasi

- apkure / kalefaksiun
- duša / armana
- dvielis / ch'akina
- dušas aizkari / arapa
- vannas putas / phusuqa mayllana
- vanna / bañera
- glāze / qhispi akilla
- veļas mašīna / makina mayllana
- ūdenskrāns / grifo
- flīzes / azulijo
- podiņš / manka jisp'ana
- izlietne / chuwa mayllana

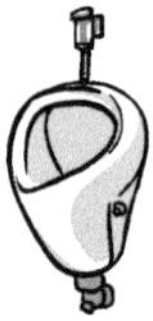

tualetes pods	Āzijas tipa tualete	bidē
akana	yakupaka	bidet
pisuārs	tualetes papīs	tualetes birste
jisp'ana	papel higieniku	water pichana

38　　　vannas istaba - akana wasi

zobu birste
kiru khituna

zobu pasta
kiru pasta

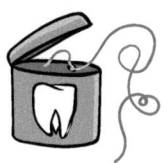
zobu diegs
kiru q'aytu

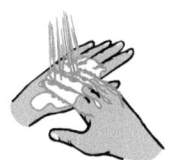
mazgāt
mayllay

rokas duša
armana makiwan

duša
armana

bļoda
pila

muguras mazgāšanas birste
wasa cepillo

ziepes
t'arta

dušas želeja
llukllu armanapaq

šampūns
champu

mazgāšanas drāna
ch'akina

noteka
ch'chi yaku wikch'una

krēms
krima

dezodorants
kuntu wayllak'upaq

vannas istaba - akana wasi   39

spogulis

qhispi

spogulītis

qhawakunaqhispi

skuveklis

mumikuna

skūšanās putas

phusuqu mumikunapaq

losjons pēc skūšanās

lusiun mumikunapaq

ķemme

sikrana

matu suka

kuiru khituna

matu fēns

sekadora

matu laka

ispray

grima komplekts

makillaji

lūpu krāsa

simi llimp'ina

nagulaka

llimp'i sillu

vate

ampi

šķērītes

sillu k'utuna

smaržas

untu

vannas istaba - akana wasi

kosmētikas maks
wayaqa ch'usanapaq

ķeblītis
chukuna

svari
aysana

halāts
bata

tīrīšanas cimdi
maki wayaqa gumamanta

tampons
tampon

pakete
raphi ch'akina

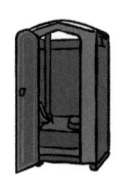

ķīmiskā tualete
akanapaq tiyana kimiku

bērnu istaba
wawa k'uchu

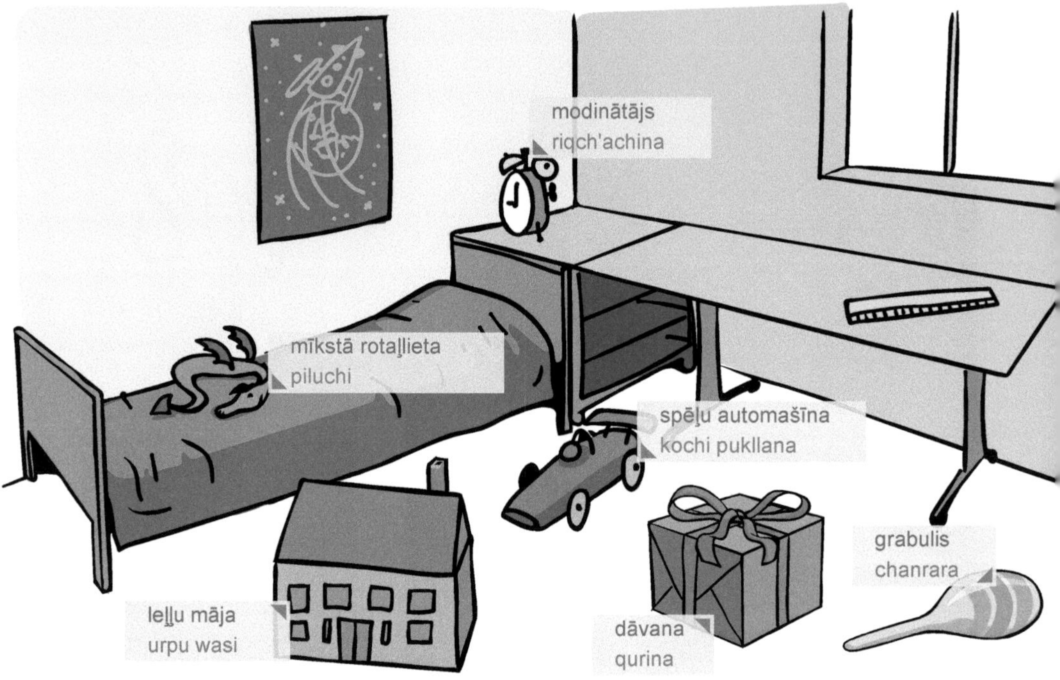

- modinātājs / riqch'achina
- mīkstā rotaļlieta / piluchi
- spēļu automašīna / kochi pukllana
- grabulis / chanrara
- leļļu māja / urpu wasi
- dāvana / qurina

balons
phuyu phuku

gulta
puñuna

bērnu ratiņi
wawa kochi

kārtis
naypi

puzle
pusli

komikss
riwista

LEGO klucīši

legukuna

klucīši

wluki pukllana

varoņu figūra

figura aksionmanta

rāpulītis

wuri wawapaq

lidojošais šķīvītis

friswi

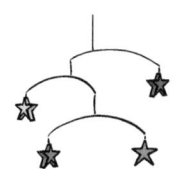

muzikālais karuselis

wawa marq'a

galda spēle

jamp'ara pukllana

metamais kauliņš

dado

rotaļu dzelzceļš

trin iliktriko purina

māneklis

maniki

ballīte

raymi

bilžu grāmata

futu p'anqa

bumba

p'ulu

lelle

urpu

spēlēt

pukllay

bērnu istaba - wawa k'uchu

smilšu kaste
t'iyu p'utaki

šūpoles
wallunk'a

rotaļlietas
pukllana

spēļu konsole
wiriukunsula

trīsritenis
trisiklu

plīša lācītis
jukumari pukllana

drēbju skapis
p'acha jallch'ana

apģērbs
p'acha

īszeķes
chakiwayaqa

zeķes
chakiwayaqa qharipaq

zeķbikses
chakiwayaqa

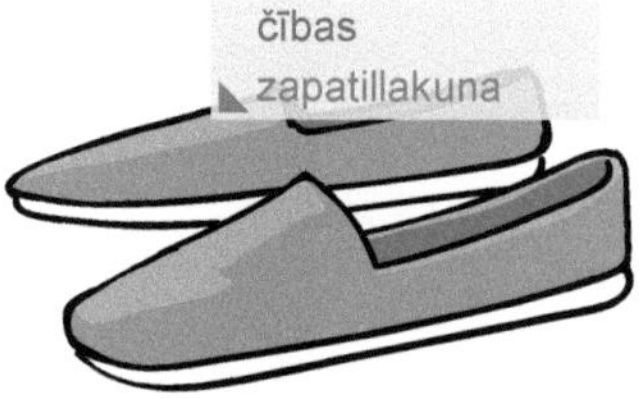

šalle
chalina

lietussargs
parawa

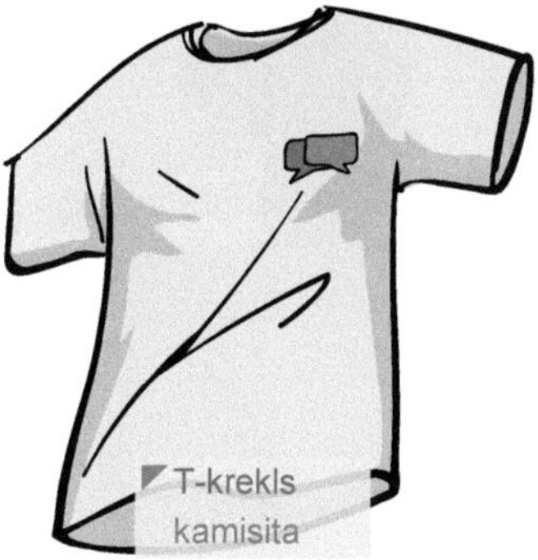

T-krekls
kamisita

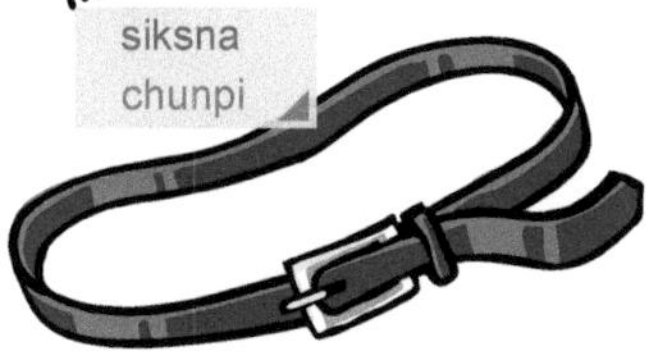

siksna
chunpi

zābaks
wutakuna

čības
zapatillakuna

botas
tinis

sandales
....
llanq'i

kurpes
....
phapatukuna

gumijas zābaki
....
wutakuna parapaq

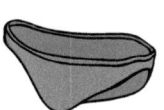

apakšbikses
....
ukhu p'acha

krūšturis
....
sustin

apakškrekls
....
chaliku

apģērbs - p'acha

bodijs
wuri

bikses
pantalu kurtu

džinsi
wakiru

svārki
arphi

blūze
wulusa

krekls
kamisa

pulovers
chumpa

džemperis
chumpa

žakete
blazer

jaka
chakita

mētelis
qhata

lietus mētelis
yawardina

kostīms
traji

kleita
wistiru

kāzu kleita
wistiru nowiamanta

apģērbs - p'acha

uzvalks
traji

naktskrekls
kamisun

pidžama
piyama

sari
sari

lakats
wandana

turbāns
turbante

burka
burka

kaftāns
kaftan

abaja
abaya

peldkostīms
traje mayllakunapaq

peldbikses
p'acha mayllakunpaq

šorti
kurtu

treniņtērps
p'acha tukuy p'unchawpaq

priekšauts
dilantal

cimdi
makiwayaqa

apģērbs - p'acha

poga
ch'itana

brilles
gafakuna

rokassprādze
maki watana

kaklarota
wallqa

gredzens
siwi

auskars
linri quri

cepure
q'aspa

drēbju pakaramais
p'acha warkhuna

platmale
chharara

kaklasaite
kurbata

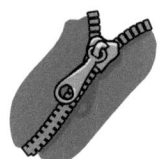

rāvējslēdzējs
pantalu wisk'ana

ķivere
kasku

bikšturi
tirantikuna

skolas forma
uniforme

uniforma
uniformi

apģērbs - p'acha

priekšautiņš
llawsanapaq

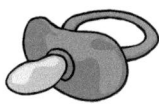
māneklis
maniki

autiņbiksītes
jananta

birojs
ujisina

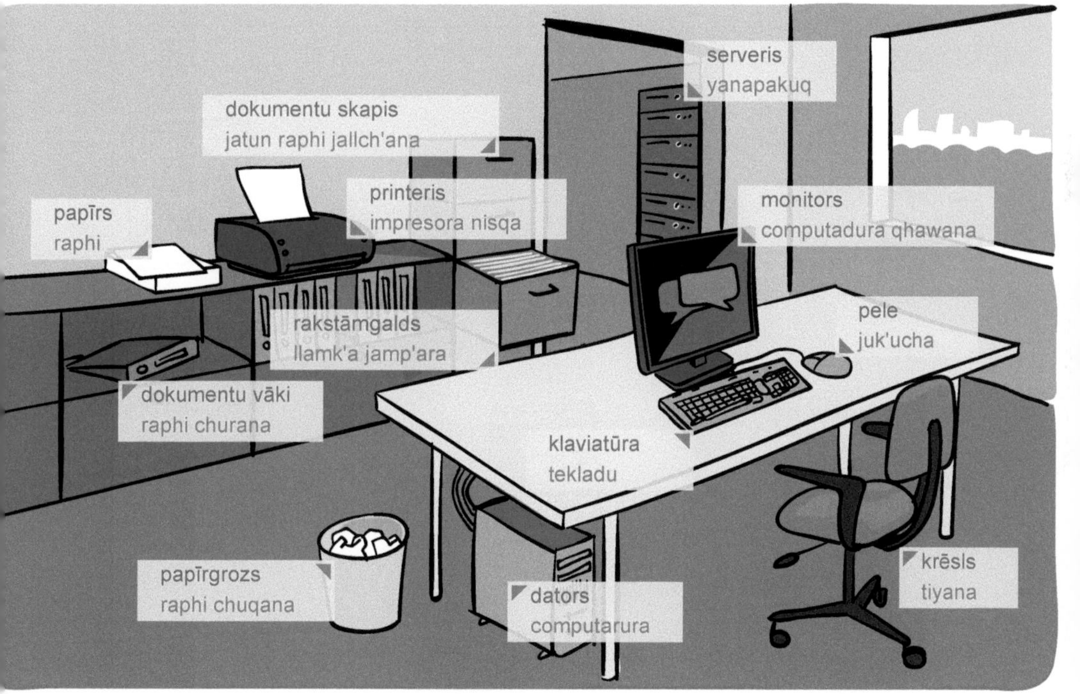

- papīrs — raphi
- dokumentu skapis — jatun raphi jallch'ana
- printeris — impresora nisqa
- serveris — yanapakuq
- monitors — computadura qhawana
- rakstāmgalds — llamk'a jamp'ara
- pele — juk'ucha
- dokumentu vāki — raphi churana
- klaviatūra — tekladu
- papīrgrozs — raphi chuqana
- dators — computarura
- krēsls — tiyana

kafijas krūze
tasa cajimanta

kalkulators
calcularura

internets
intirnit

	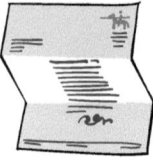	
portatīvais dators	vēstule	ziņa
laptop	chaki qillqa	willachiy

mobilais tālrunis	tīkls	kopētājs
silular	red	futukopia

programmatūra	telefons	rozete
software	tilijunu	toma corriente
	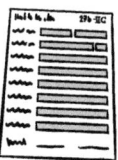	
faksa aparāts	formulārs	dokuments
faks	jurmulario	asuy qillqa

ekonomika
qullqikamay

pirkt
ranqhay

samaksāt
qupuy

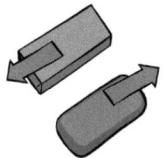
tirgot
ranqhay

nauda
qullqi

dolārs
dólar qullqi

eiro
iwro qullqi

jēna
yen qullqi

rublis
ruwlu qullqi

franks
juranku swisu qullqi

juaṇa renminbi
rinminwi qullqi

rūpija
rupia qullqi

bankomāts
kajiru awtumatiku

valūtas maiņas punkts

qullqi rantina wasi

zelts

quri

sudrabs

qullqi

nafta

pitruliu

enerģija

kallpa

cena

yupa

līgums

mink'ay

nodoklis

impuistu

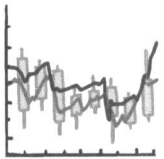

akcija

aksiun

strādāt

llamk'ay

darbinieks

llamk'achiq

darba devējs

llamk'achiq

fabrika

puquchiy kiti

veikals

tienda

ekonomika - qullqikamay

profesijas
llamk'aykuna

policists
ajinti policiamanta

ugunsdzēsējs
wumwiru

pavārs
wayk'uq

ārsts
jampi kamayuq

pilots
pilutu

dārznieks
inkill kamayuq

galdnieks
llaqllaykamayuq

šuvēja
siraykamayuq

tiesnesis
khuskachaq

ķīmiķis
jampi ranqhaq

aktieris
aranwaq

autobusa vadītājs

awtuwus q'iwiq

taksometra vadītājs

taksi q'iwiq

zvejnieks

challwakamayuq

apkopēja

pichaq

jumiķis

wasip qhatan

viesmīlis

wayna yanapaq

mednieks

chakuykamayuq

gleznotājs

llimp'iq

maiznieks

t'antiri

elektriķis

iliktrisista

celtnieks

llam'kaq

inženieris

k'llikacha

miesnieks

ñak'aq

skārdnieks

yaku kamayuq

pastnieks

qillqa apaq

profesijas - llamk'aykuna

karavīrs
awqakuq

arhitekts
wasikamayuq

kasieris
kajiru

florists
t'ikachaq

frizieris
chukcharutuq

konduktors
q'iwichiq

mehāniķis
mikaniku

kapteinis
wamink'a

zobārsts
kirukamayuq

zinātnieks
jamawt'a

rabīns
rawinu

imāms
k'askachimuq

mūks
munji

mācītājs
tata kura

profesijas - llamk'aykuna

instrumenti
ruk'awi

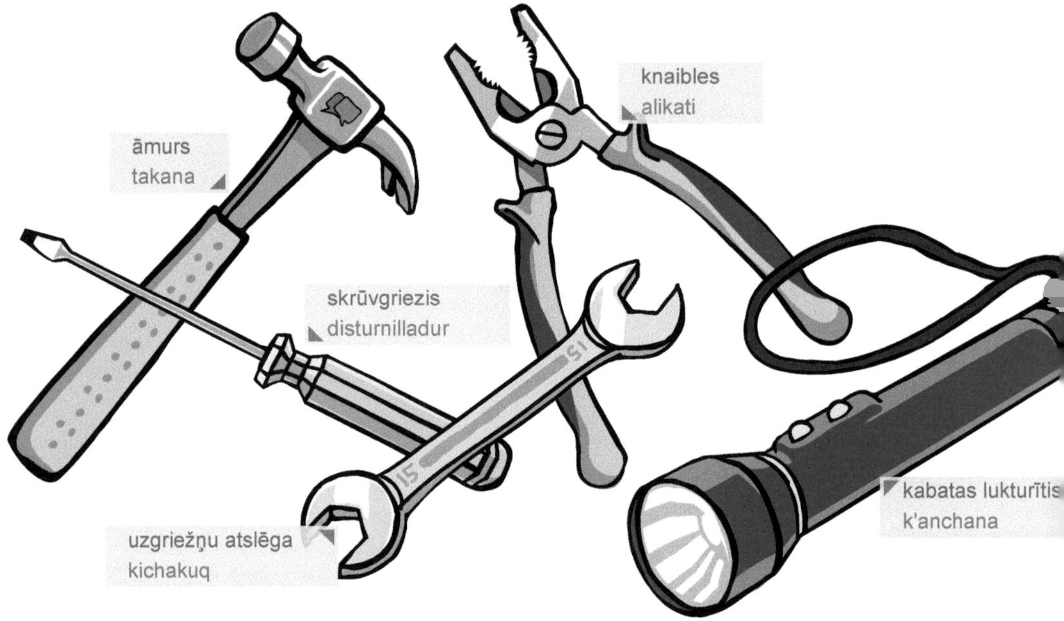

āmurs
takana

knaibles
alikati

skrūvgriezis
disturnilladur

uzgriežņu atslēga
kichakuq

kabatas lukturītis
k'anchana

ekskavators

ikskawadura

instrumentu kaste

ruk'awi p'uktaki

kāpnes

wichana makiyuq

zāģis

sierra

naglas

takarpu

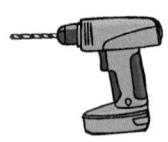

urbis

talaru

remontēt
allinchay

lāpsta
lampa

Velns!
¡Supay apachun!

liekšķere
q'upa tantana

krāsas bundža
llimp'i churana

skrūves
turnillukuna

mūzikas instrumenti
takichiy nakuna

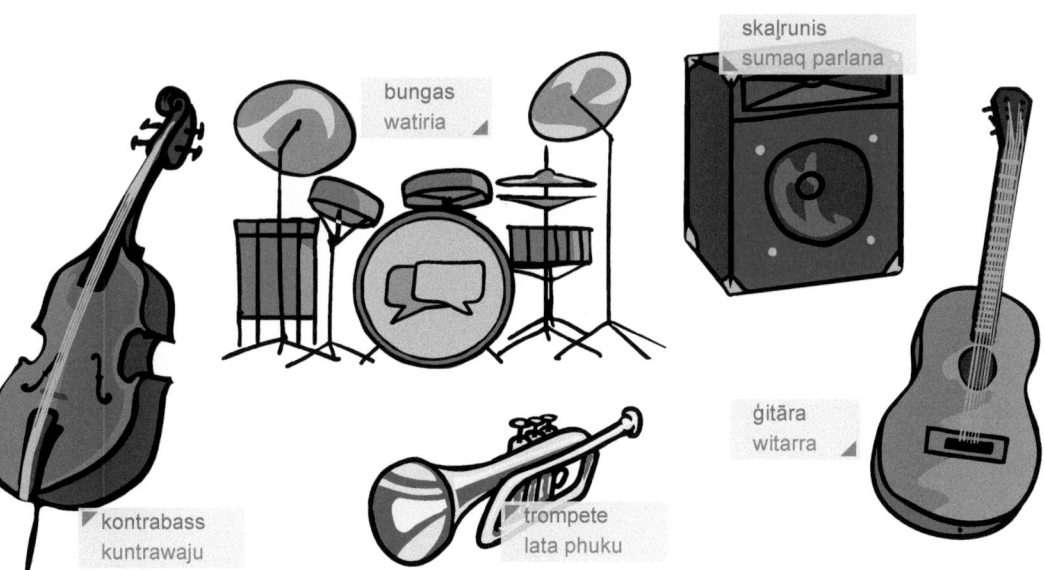

skaļrunis
sumaq parlana

bungas
watiria

ģitāra
witarra

kontrabass
kuntrawaju

trompete
lata phuku

klavieres
pianu

vijole
wiulin

bass
waju

timpāni
tinwalis

bungas
wankar

digitālās klavieres
tikladu

saksofons
saksu

flauta
phukuna

mikrofons
mikrufunu

mūzikas instrumenti - takichiy nakuna

zooloģiskais dārzs
jatun uywa kancha

tīģeris
uthurunku

ieeja
yaykuna

būris
ch'iwa

zebra
siwra

dzīvnieku barība
uywa mikhunan

panda
panda

dzīvnieki

uywa

zilonis

ilijanti

ķengurs

kanguru

degunradzis

rinusirunti

gorilla

gurila

lācis

jukumari

zooloģiskais dārzs - jatun uywa kancha

kamielis	strauss	lauva
kamillu	suri	puma

pērtiķis	flamings	papagailis
k'usillu	pariwana	q'ichichi

polārlācis	pingvīns	haizivs
pular jukumari	pinwinu	tiwurun

pāvs	čūska	krokodils
pawu	katari	kukuwurilu

zoodārza sargs	ronis	jaguārs
jatun uywa kancha arariwa	fuka	uthurunku

zooloģiskais dārzs - jatun uywa kancha

ponijs
puni

leopards
lliwpardu

nīlzirgs
hipuputamu

žirafe
jirafa

ērglis
anka

meža cūka
sintiru

zivs
challwa

bruņurupucis
turtuga

valzirgs
mursa

lapsa
atuq

gazele
gacila

zooloģiskais dārzs - jatun uywa kancha

sports
atipanaku pukllay

amerikāņu futbols
amerikanu papawki pukllay

riteņbraukšana
siklu rumpiy

teniss
tenis

basketbols
isanka papawki

peldēšana
wat'aku

bokss
ñuk'anaku

hokejs
joki

futbols
papawki pukllay

badmintons
watmintun

vieglatlētika
lanlak

rokas bumba
kakcha

slēpošana
iski

polo
pulu

sports - atipanaku pukllay

darbības
ruwakuna

- lēkt / phinkiy
- smieties / asiy
- apskaut / mak'alliy
- iet / puriy
- dziedāt / takiy
- sapņot / musquy
- lūgt / mañakuy
- skūpstīt / much'ay

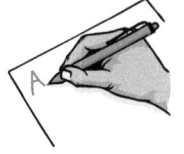

rakstīt
qillqay

zīmēt
t'iktuy

rādīt
qhawachiy

spiest
tanqay

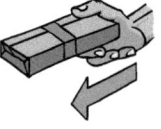

dot
quy

ņemt
uqhariy

būt
yuq

darīt
ruway

būt
kay

stāvēt
sayay

skriet
t'ijuy

vilkt
chuqay

mest
chuqay

krist
urmay

gulēt
siriy

gaidīt
suyay

nest
apay

sēdēt
chukuchiy

uzģērbt
p'achachakuy

gulēt
puñuy

pamosties
rikch'ay

darbības - ruwakuna

skatīties
qhaway

raudāt
waqay

glāstīt
waylluy

ķemmēt
sikray

runāt
rimay

saprast
unanchay

jautāt
tapuy

dzirdēt
uyariy

dzert
upyay

ēst
mikhuy

sakārtot
kamachiy

mīlēt
khuyay

vārīt
wayk'uy

braukt
q'iwiy

lidot
phaway

darbības - ruwakuna

burot
wamp'uy

rēķināt
yupanchay

lasīt
ñawiriy

mācīties
yachay

strādāt
llamk'ay

precēties
sawaray

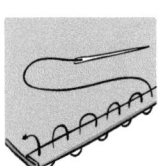

šūt
siray

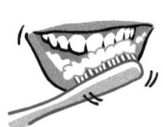

tīrīt zobus
kiru khitukuy

nogalināt
wanchiy

smēķēt
pitay

sūtīt
kachay

darbības - ruwakuna

ģimene
yawar masikuna

vecāmāte
jatun mama

vectēvs
jatun tata

tēvs
tata

māte
mama

mazulis
wawa

meita
warmi wawa/ ususi

dēls
qhari wawa/ churin

viesis
jamuynisqa

tante
ipa

onkulis
kaki

brālis
tura/wawqi

māsa
ñaña/pana

ķermenis
uqhu

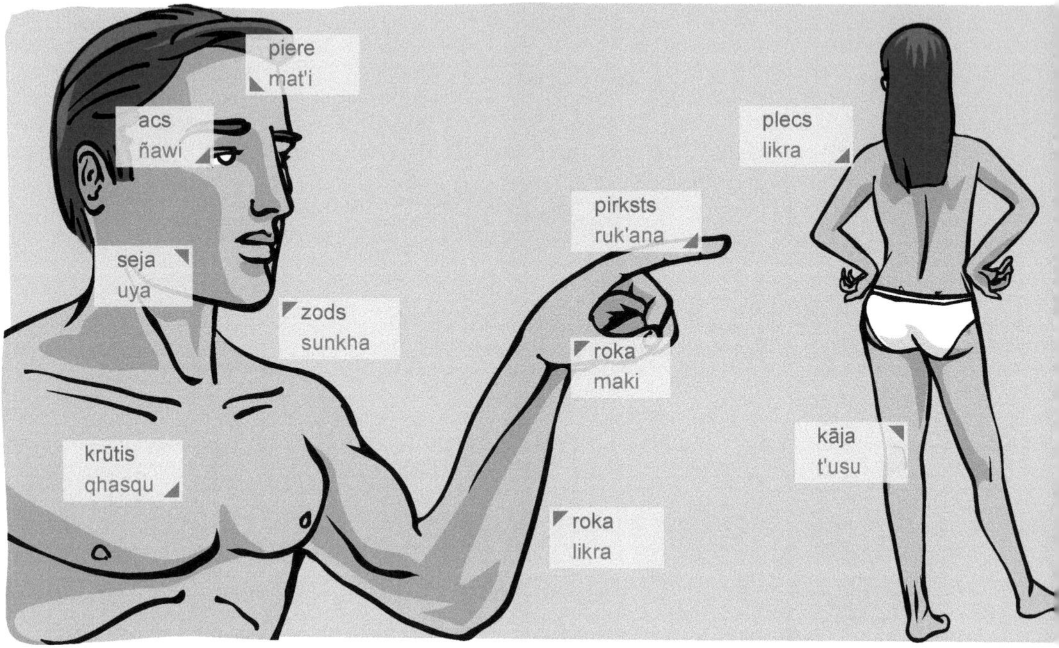

piere
mat'i

acs
ñawi

plecs
likra

pirksts
ruk'ana

seja
uya

zods
sunkha

roka
maki

krūtis
qhasqu

kāja
t'usu

roka
likra

mazulis
wawa

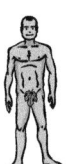

vīrietis
qhari

sieviete
warmi

meitene
sipas

zēns
yuqalla

galva
uma

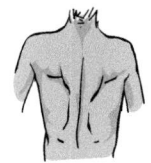

mugura
wasa

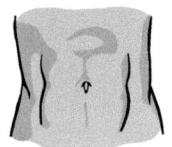

vēders
wisa ukhu

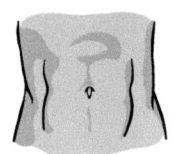

naba
pupu

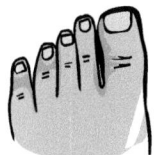

kājas pirksts
ruk'ana

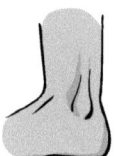

papēdis
takillpa

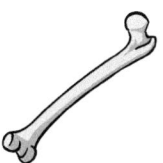

kauls
tullu

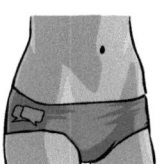

gurns
chaka

celis
muqu

elkonis
maki muqu

deguns
sinqa

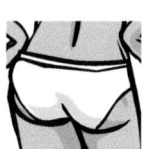

dibens
siki

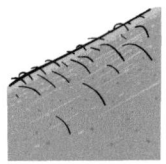

āda
qara

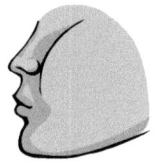

vaigs
k'aqlla

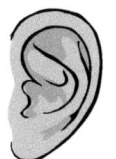

auss
linri

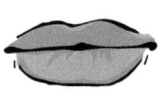

lūpa
sipri

ķermenis - uqhu

mute
simi

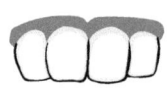

zobs
kiru

mēle
qallu

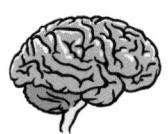

smadzenes
ñuqtu

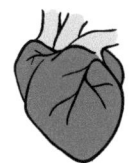

sirds
sunqu

muskulis
mach'i

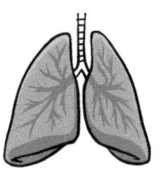

plaušas
surq'an

aknas
k'iwicha

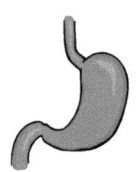

kuņģis
wisa

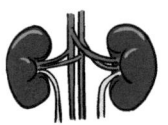

nieres
wasa ruru

dzimumakts
lluq'anaku

kondoms
condon

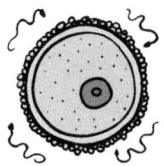

olšūna
ch'uytu

sperma
yuma

grūtniecība
wiksayuq kay

ķermenis - uqhu

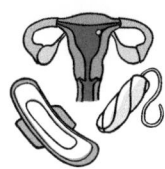
menstruācijas
k'ikuy

vagīna
rakha

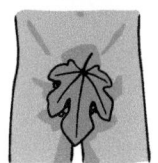
penis
ullu

uzacs
qhichira

mati
chukcha

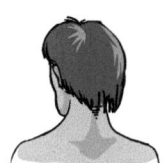
kakls
kunka

ķermenis - uqhu

slimnīca
Jampina wasi

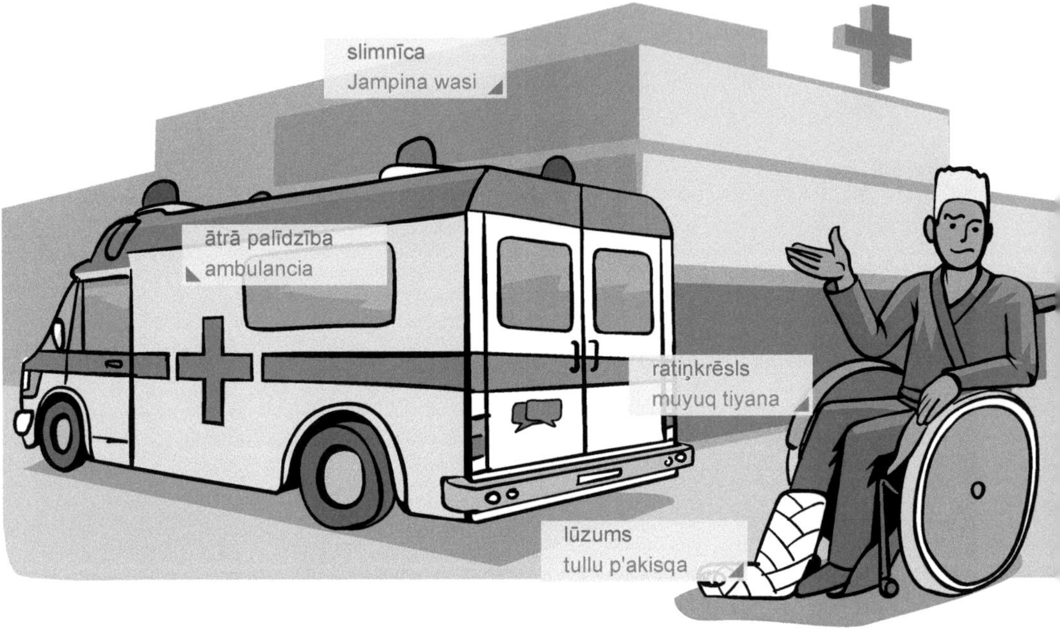

slimnīca
Jampina wasi

ātrā palīdzība
ambulancia

ratiņkrēsls
muyuq tiyana

lūzums
tullu p'akisqa

ārsts

jampi kamayuq

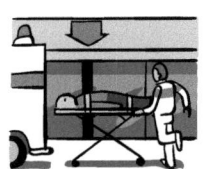

neatliekamās palīdzības nodaļa

urgencia wasi

medmāsa

jampi yanapaq

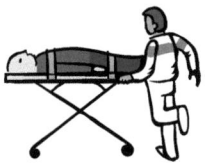

ārkārtas gadījums

urjinsia

paģībis

mana yuyayniyuqchu

sāpes

nanay

ievainojums
ñuti

asiņošana
sirk'ay

sirdslēkme
infarto

insults
wayra

alerģija
millachikuq

klepus
ch'uju

temperatūra
k'aja unquy

gripa
p'urqi

caureja
q'icha

galvassāpes
uma nanay

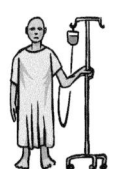
vēzis
isqu unquy

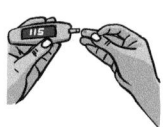
diabēts
diyawitis

ķirurgs
jampi kamayuq

skalpelis
bisturi

operācija
upirasiun

slimnīca - Jampina wasi

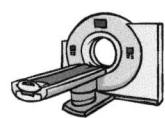

datortomogrāfija
TAC

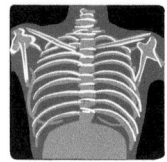

rentgents
tullurikuchi

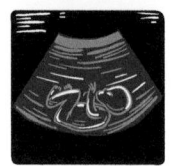

ultraskaņa
ultrasunidu

sejas maska
jark'ana

slimība
unquy

uzgaidāmā telpa
suyanapaq k'illi wanlla

kruķis
tawna

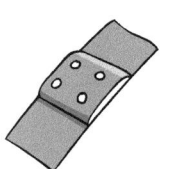

plāksteris
tinta

apsējs
manku

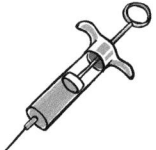

injekcija
inyiksiun

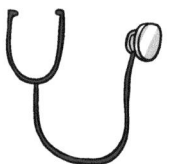

stetoskops
istituskupiu

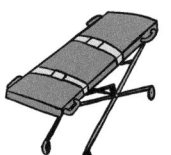

nestuves
kallapu

termometrs
llaphi tupuna tupu

dzemdības
paqarisqa

liekais svars
wirachasqa

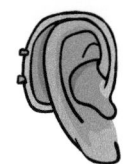
dzirdes aparāts
audifono

dezinfekcijas līdzeklis
disinjiktanti

infekcija
q'iyacha

vīruss
miyu

HIV / AIDS
VIH / SIDA

zāles
jampi

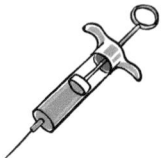
pote
wakuna

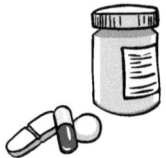
tabletes
tawlitakuna

pretapaugļošanās tablete
pastilla

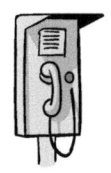
ārkārtas izsaukums
usqay waqyana

asinsspiediena mērītājs
tinsiumitru

slims / vesels
unqusqa / qhali

slimnīca - Jampina wasi

ārkārtas gadījums
urjinsia

Palīgā!
¡Yaw!

trauksme
alarma

uzbrukums
manchay

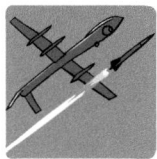
uzbrukums
waykha

bīstamība
chhiki

avārijas izeja
punku utqay lluqsinapaq

Uguns!
¡Nina!

ugunsdzēšamais aparāts
nina wañichiq

negadījums
ñak'ariy

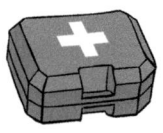
pirmās palīdzības aptieciņa

botiquin de primeros auxilios

SOS
SOS

policija
pulisiya

zeme
Pacha

Eiropa
Iwrupa

Ziemeļamerika
Chincha Amerika

Dienvidamerika
Qulla Amerika

Āfrika
Ajurika

Āzija
Asia

Austrālija
Awstralia

Atlantijas okeāns
Atlantiku

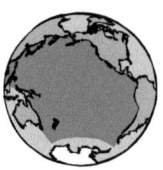

Klusais okeāns
Pasijiku

Indijas okeāns
Indiku mama qucha pacha

Dienvidu okeāns
Antartiku mama qucha pacha

Ziemeļu ledus okeāns
Artiku mama qucha pacha

Ziemeļpols
chincha pulu

Dienvidpols
qulla pulu

Antarktika
Antartida

zeme
Pacha

zeme
jallp'a

jūra
mama qucha

sala
tara

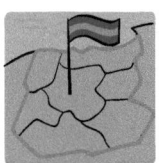
nācija
llaqta

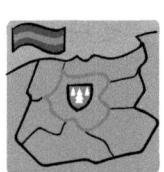
valsts
Suyu

pulkstenis
phani (kuna)

ciparnīca
muruq'u

stundu rādītājs
phani tuqsiq

minūšu rādītājs
chininiq

sekunžu rādītājs
ch'ipu yupaq

Cik ir pulkstenis?
¿Ima phanitaq?

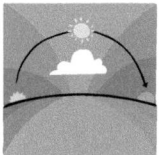
diena
p'unchaw

laiks
pacha

tagad
kunan

digitālais pulkstenis
dijital inti watana

minūte
chinini

stunda
phani

nedēļa
qanchischaw

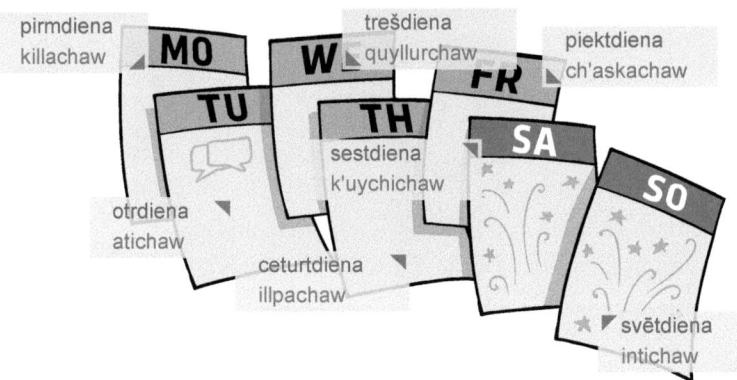

pirmdiena
killachaw

trešdiena
quyllurchaw

piektdiena
ch'askachaw

otrdiena
atichaw

sestdiena
k'uychichaw

ceturtdiena
illpachaw

svētdiena
intichaw

vakardien
qayna

šodien
kunan

rītdien
p'unchaw

rīts
p'unchaw

pusdienlaiks
chawpi p'unchaw

vakars
sukha

darbadienas
llamk'ana p'unchawkuna

brīvdienas
tukuq qanchischawnin

gads
wata

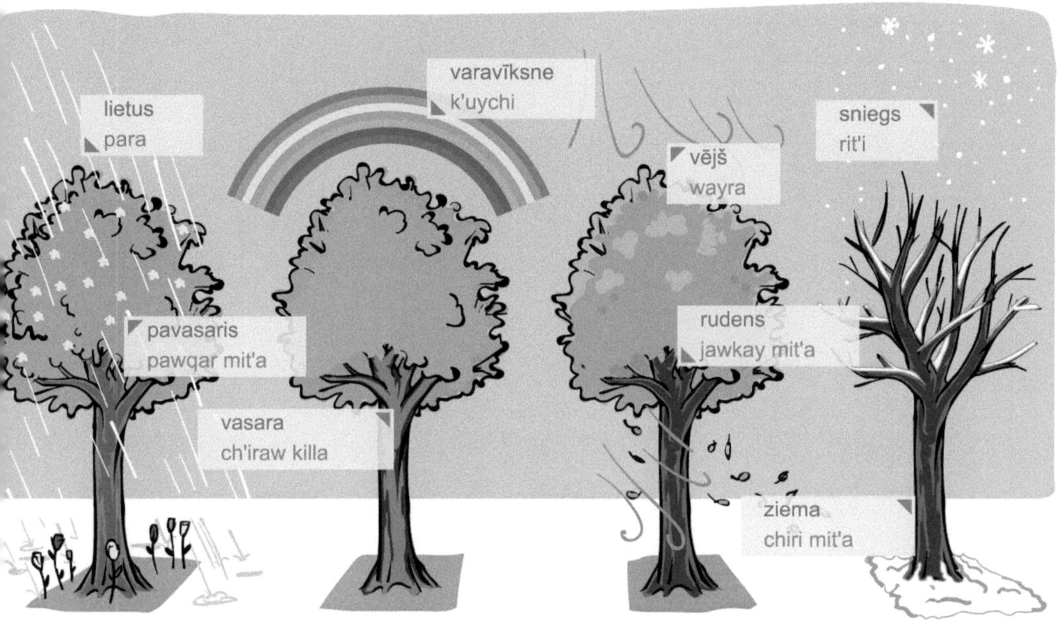

lietus
para
varavīksne
k'uychi
vējš
wayra
sniegs
rit'i
pavasaris
pawqar mit'a
rudens
jawkay mit'a
vasara
ch'iraw killa
ziema
chiri mit'a

4.APRIL 11°
5.APRIL 4°
6.APRIL 13°
7.APRIL 8°
8.APRIL 10°

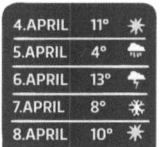

laika prognoze

inti raki

F C
120 90 60 30 0 -30
40 30 20 10 0 -10 -20

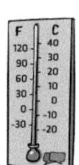

termometrs

tirmumitru

saules gaisma

inti

mākonis

phuyu

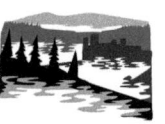

migla

phuyu

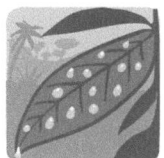

gaisa mitrums

juq'u

zibens
illapa

pērkons
illapa

vētra
tamya

krusa
chikchi

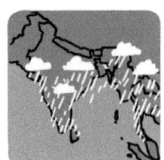

musons
muyuq wayra

plūdi
lluqlla

ledus
chullunka

janvāris
qhaqmiy killa

februāris
jatunpuquy killa

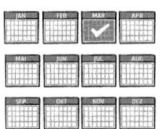

marts
pachapuquy killa

aprīlis
ariwaki killa

maijs
aymuray killa

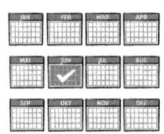

jūnijs
jawkaykuskuy killa

jūlijs
chakrakunakuy killa

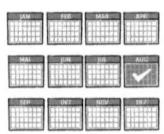

augusts
chakraypuy killa

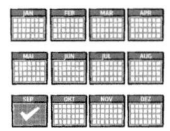
septembris
tarpuy killa

oktobris
pawqarwara killa

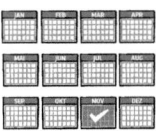
novembris
ayamarq'ay killa

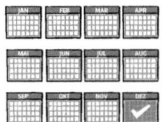
decembris
qhapaq inti raymi killa

formas
pacha tupusqa rikch'ay

aplis
muyu yupa

kvadrāts
tawak'uchu yupa

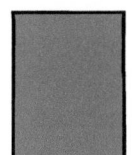
četrstūris
sayt'u yupa

trīsstūris
kimsa k'uchu yupa

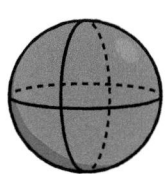
lode
muruq'u

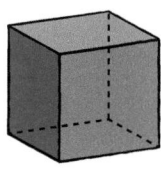
kubs
yupa wayru

krāsas
llimp'ikuna

balts
yurak

dzeltens
q'illu

oranžs
willapi

sārts
panti

sarkans
puka

lillā
kulli

zils
anqas

zaļš
q'umir

brūns
ch'umpi

pelēks
uqi

melns
yana

pretstati
wakjinakuna

daudz / maz
achkha / pisi

saniknots / miermīlīgs
phiña / qhasi

skaists / neglīts
k'acha / millay

sākums / beigas
qallariy / tukuy

liels / mazs
jatun / juch'uy

gaišs / tumšs
sut'i / tuta

brālis / māsa
wawqi / pana

tīrs / netīrs
llimphu / ch'ichi

pilnīgs / nepilnīgs
junt'asqa / mana junt'asqa

diena / nakts
p'unchaw / tuta

miris / dzīvs
wañusqa / kawsaq

plats / šaurs
chhuqu / k'ichki

baudāms / nebaudāms

mikhunapaq / mana mikhunapaqchu

nikns / laipns

sakra / k'acha

satraukts / garlaikots

kusisqa / majisqa

resns / tievs

rakhu / tullu

pirmais / pēdējais

ñawpaq / qhipa

draugs / ienaidnieks

masi / awqa

pilns / tukšs

junt'a / ch'in

ciets / mīksts

k'urki / llamp'u

smags / viegls

llasa / chhalla

izsalkums / slāpes

yarqhay / ch'akiy

slims / vesels

unqusqa / qhali

nelegāls / legāls

chanin / mana chanin

inteliģents / dumjš

yuyaysapa / upa

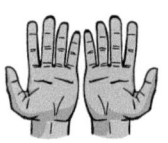

kreisais / labais

lluq'i / paña

tuvu / tālu

qaylla / karu

jauns / lietots

musuq / mawk'a

nekas / kaut kas

ch'usaq / imapis

vecs / jauns

machu / wayna

ieslēgts / izslēgts

jap'isqa / wanchisqa

atvērts / slēgts

kichasqa / wisq'asqa

kluss / skaļš

ch'in / ch'aqwa

bagāts / nabags

qhapaq / wakcha

pareizi / nepareizi

chiqan / mana chiqan

raupjš / gluds

qhachqa / llamp'u

noskumis / laimīgs

llakisqa / kusi

īss / garš

k'aka / karu

lēns / ātrs

jayra / utqay

slapjš / sauss

juq'u / ch'aki

silts / vēss

rupha / chiri

karš / miers

awqay / sunqu tiyakuy

pretstati - wakjinakuna

skaitļi
yupaykuna

0
nulle
ch'usak

1
viens
uk

2
divi
iskay

3
trīs
kimsa

4
četri
tawa

5
pieci
phichqa

6
seši
suqta

7
septiņi
qanchis

8
astoņi
pusaq

9
deviņi
jisq'un

10
desmit
chunka

11
vienpadsmit
chunka ukniyuq

12
divpadsmit
chunka iskayniyuq

13
trīspadsmit
chunka kimsayuq

14
četrpadsmit
chunka tawayuq

15
piecpadsmit
chunka phichkayuq

16
sešpadsmit
chunka suqtayuq

17
septiņpadsmit
chunka qanchisniyuq

18
astoņpadsmit
chunka pusaqniyuq

19
deviņpadsmit
chunka jsq'unniyuq

20
divdesmit
iskay chunka

100
simts
pacha

1.000
tūkstotis
waranqa

1.000.000
miljons
junu

skaitļi - yupaykuna

Valodas
simikuna

angļu
inklis simi

amerikāņu angļu
amerikanu inklis simi

ķīniešu mandarīnu valoda
mandarin chinu simi

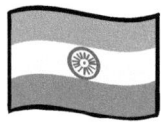
hindi
jindi simi

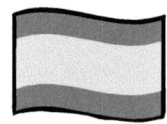
spāņu
castilla simi

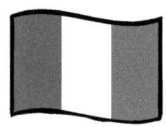
franču
fransis simi

arābu
arabia simi

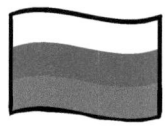
krievu
rusia simi

portugāļu
purtugal simi

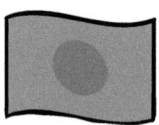
bengāļu
bingali simi

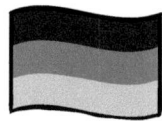
vācu
alimania simi

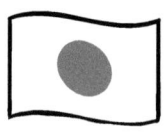
japāņu
japun simi

kas / ko / kā
pi / ima / imayna

es
ñuqa

tu
qam

viņš / viņa
pay / pay / chay

mēs
ñuqanchik

jūs
qamkuna

viņi / viņas
paykuna

kas?
¿pitaq?

ko?
¿imataq?

kā?
¿imaynataq?

kur?
¿maypitaq?

kad?
¿mayk'aq?

vārds
suti

kur
maypi

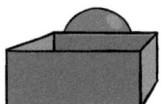

aiz

qhipa

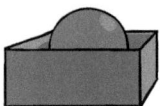

iekšā

pi

priekšā

ñawpaq

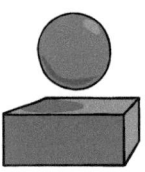

virs

pantanpi

uz

pata

zem

uranpi

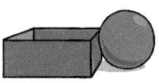

blakus

kuska

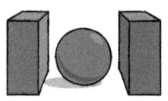

starp

chawpi

vieta

chiqan